Bernard Pourrière

Jean-Yves Bosseur

Bernard Pourrière

SilvanaEditoriale

Silvana Editoriale

Projet et réalisation / Produced by
Arti Grafiche Amilcare Pizzi Spa

Direction éditoriale / Direction
Dario Cimorelli

Directeur artistique / Art Director
Giacomo Merli

Rédaction / Copy Editor
Chiara Golasseni
Paola Rossi

Mise en page / Layout
Denise Castelnovo

Traductions / Translations
John Milton pour / for Scriptum, Rome

Organisation / Production Coordinator
Michela Bramati

Secrétaire de rédaction / Editorial Assistant
Emma Altomare

Iconographie / Photo editing
Alessandra Olivari, Silvia Sala, Mira Mariani

Bureau de presse / Press office
Lidia Masolini, press@silvanaeditoriale.it

Aucune partie de ce livre ne peut être reproduite ou cédée, sous quelque forme que ce soit, ou par n'importe quel moyen que ce soit (électronique, mécanique ou autre), sans l'autorisation écrite des ayants droit et de l'éditeur. L'éditeur est à la disposition des éventuels ayants droit qu'il n'a pas été possible de retrouver
All rights reserved. No part of this publication may be reproduced or transmitted in any form or by any means, electronic or mechanical, including photocopy, recording or any other information storage and retrieval system, without prior permission in writing from the publisher. The publisher apologizes for any omissions that inadvertently may have been made

© 2012 Silvana Editoriale Spa
Cinisello Balsamo, Milano

Sommaire / Contents

10   Bernard Pourrière, le son, le corps
      et l'outil technologique
      Jean-Yves Bosseur

36   Bernard Pourrière.
      Sound, Body and the Technological Tool
      Jean-Yves Bosseur

60   Expositions

62   Exhibitions

Sans titre 2010, installation sonore
pied métallique, grosse caisse,
lecteur, ampli, haut-parleurs

Untitled 2010, sound installation
metal stand, bass drum,
player, amp, speakers

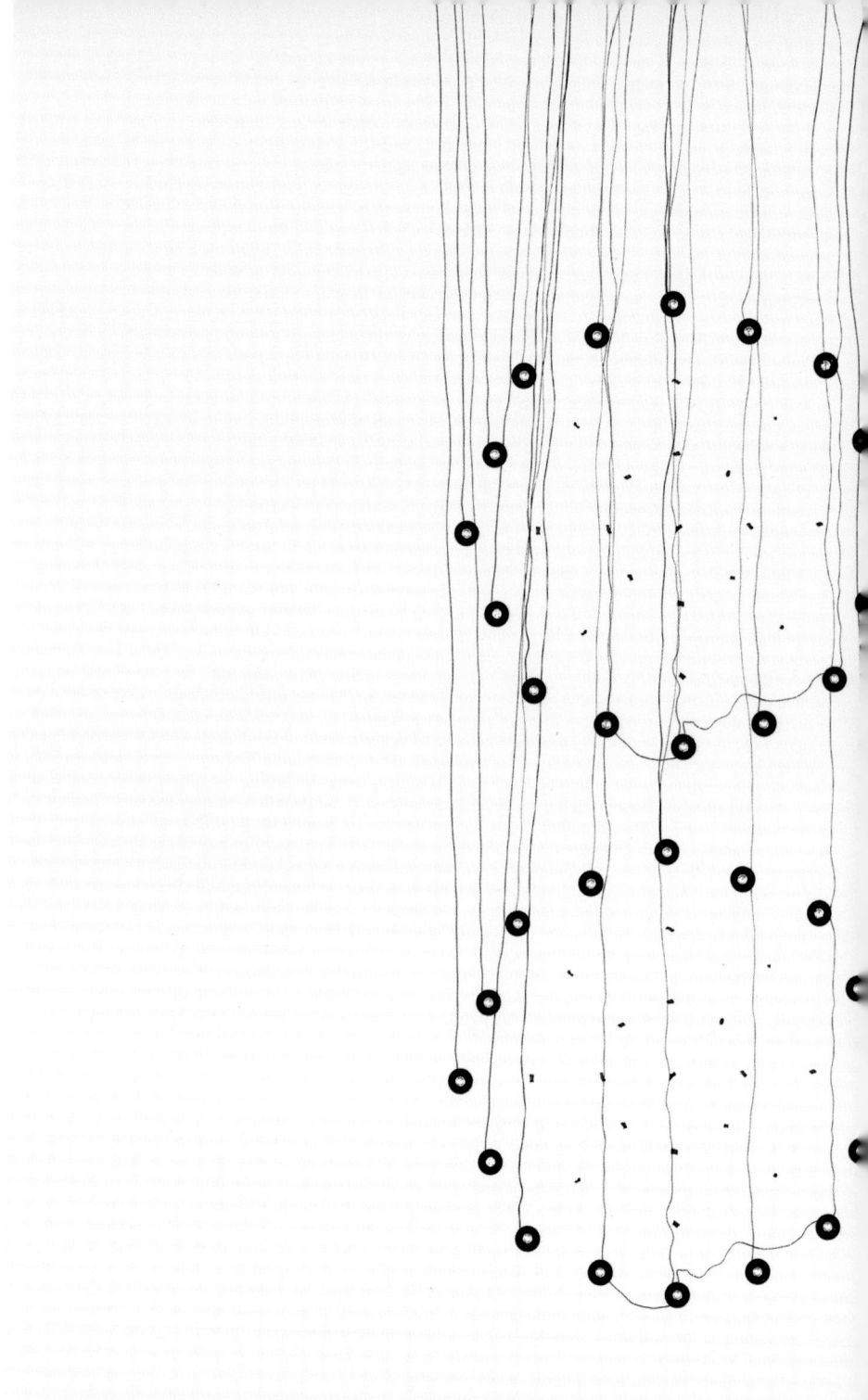

Sans titre 2010,
installation sonore (projet)
câbles, haut-parleurs,
scotch, ampli, lecteur

Untitled 2010,
sound installation (project)
cables, speakers, Sellotape,
amp, player

Bernard Pourrière, le son, le corps et l'outil technologique

Jean-Yves Bosseur

Dans le cas de certaines œuvres s'apparentant au domaine de la sculpture sonore et de l'installation, la notion de participation du spectateur prend un tout autre sens que celui qui lui est habituellement attribué dans le cadre de représentations publiques. Afin que l'expérience acoustique ne soit pas réservée à ceux qui possèdent une base instrumentale, certains musiciens et/ou plasticiens préconisent le recours à des sources ou objets sonores des plus diversifiés, par delà toute pratique préalable.

Sans nécessairement devoir être pris comme une fin en soi, les moyens techniques développés au cours de ces dernières décennies pour la production et la diffusion des phénomènes acoustiques et visuels ont incontestablement modifié aussi bien notre appréhension du son que les rapports que celui-ci entretient avec les composants visuels liés à sa manifestation même et à son environnement. Actuellement, la plus grande partie des musiques que nous percevons est orientée, de gré ou de force, vers l'électro-acoustique, c'est-à-dire toute musique conçue, en tout ou en partie, par rapport à un support (analogique, digital, informatique). Notre perception apparaît donc de plus en plus explicitement médiatisée par l'électronique et il n'est pas étonnant que, au-delà d'un constat qui ne serait que passif, un certain nombre d'artistes, tel Bernard Pourrière, élaborent des hypothèses de réaction créative, voire subversive, à un tel état de fait. Des productions électro-acoustiques aux installations, la voie semble tracée, le recours aux nouvelles technologies représentant un moyen de jonction entre des modes d'expression dont les circuits de diffusion ont longtemps été maintenus à l'écart les uns des autres.

Dans la plupart des projets multimedia, la

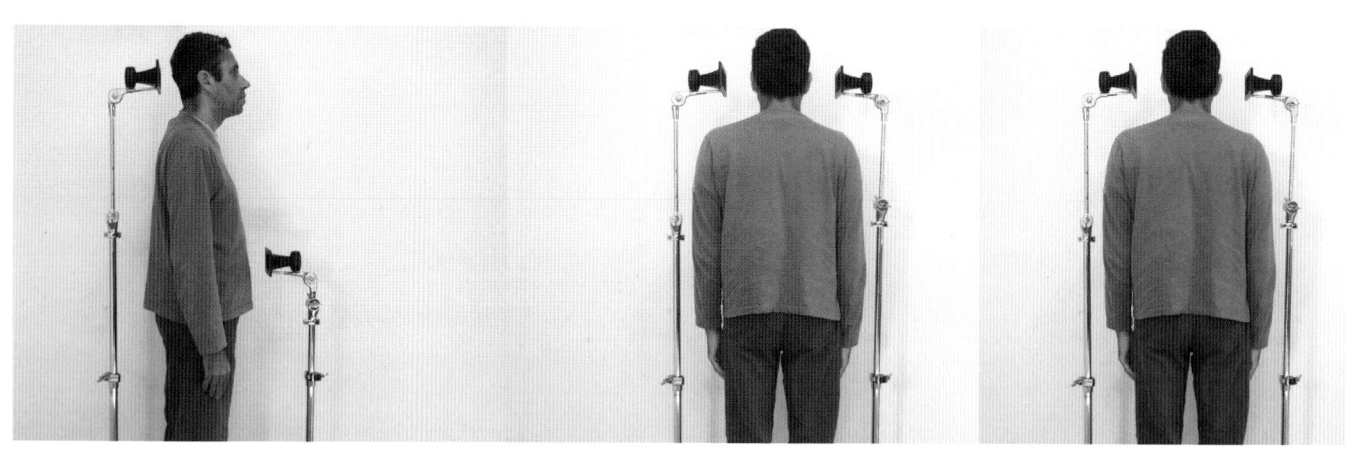

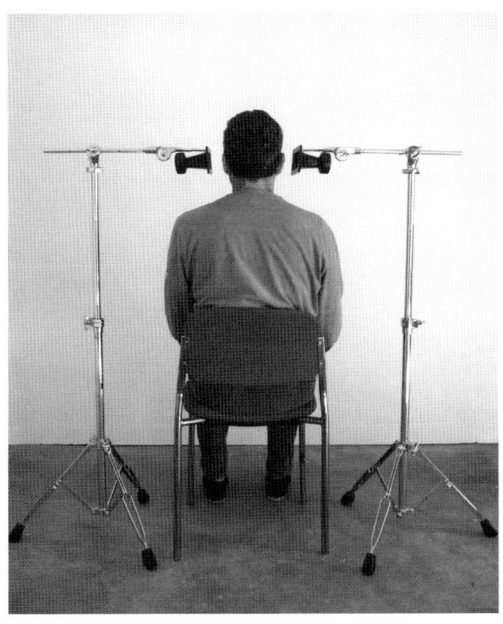

Sans titre 2010, installation sonore
haut-parleurs, pieds métalliques, ampli, lecteur

Untitled 2010, sound installation
speakers, metal stands, amp, player

mise au point d'un circuit électronique audio-visuel devient partie intégrante de la composition, au même titre que la définition d'un matériau plastique ou d'une instrumentation musicale, contribuant à donner son identité à chaque projet.

Il est bien sûr très difficile d'opérer une classification stricte entre des « catégories » comme performance, multi ou inter-media. La nature même de telles activités brouille justement tout critère de classement. Le sonore intervient parfois comme un contrepoint critique nécessaire au visuel. Au croisement de plusieurs tendances bien distinctes mais qui ont malgré tout en commun l'ambition de passer outre les divisions ressenties comme trop schématiques entre modes d'expression artistiques, l'installation pourrait bien apparaître comme l'héritage, d'une part, des inventeurs de nouvelles lutheries, des adeptes des multi-media, des plasticiens pour qui l'élément sonore est devenu une composante à part entière de leurs processus de création. Dans l'installation, la notion de participation du spectateur se charge d'implications très différentes de celles que l'on peut observer dans les « happenings », où celui-ci est généralement incité à réagir instantanément à des stimulations qui lui sont adressées à l'intérieur d'un temps qui demeure celui de la représentation ou du spectacle. L'installation donne à l'auditeur/spectateur la possibilité de se forger son propre parcours, dans une durée qu'il se

Sans titre 2010, installation sonore interactive
pieds métalliques, câbles, cages métal, micros,
ordinateur, carte son, haut-parleurs

Les micros captent diverses amplitudes et fréquences
de l'espace environnant, ce qui déclenche des
modifications sur la bande sonore de départ.

Untitled 2010, interactive sound installation
metal stands, cables, metal cages, mikes,
computer, sound card, speakers

The mikes capture different amplitudes
and frequencies in the surrounding space, which trigger
changes in the initial soundtrack.

détermine lui-même. S'il lui est proposé d'être « actif », ce sera tantôt au niveau de la perception, tantôt de la manipulation des objets disposés dans le lieu d'exposition.
En ce qui concerne le recours aux nouvelles technologies, un des axes d'approche consisterait à partir d'outils détournés de leurs fonctions initialement prévues. Il est en effet manifeste que la plupart des équipements dont nous disposons aujourd'hui, tels les synthétiseurs, ordinateurs, ou équipements interactifs, ont été conçus à des fins commerciales ou fonctionnelles assez étroitement prévisibles. Il appartient alors aux artistes qui les reprennent à leur compte de montrer dans quelle mesure ce que l'on attend d'eux peut être transgressable, dans un sens critique ou ludique. Le procédé technologique devient un instrument mis au service d'un processus compositionnel. Dans ce cas, le prestige de sa nouveauté ou de sa complexité s'efface pour laisser s'imposer le propos de l'œuvre proprement dite, afin que celle-ci soit autre chose qu'une démonstration habile à partir de données techniques préexistantes. Or il faut bien admettre que plus la séduction exercée par la technologie est forte, plus la tension qui permet à l'artiste de faire valoir ses droits sur elle suppose l'enjeu d'un projet personnel capable de s'émanciper de ce qui ne serait qu'une application par trop littérale de ses modes de fonctionnement. On peut toutefois constater que l'attitude de récupération, souvent teintée d'humour, des matériaux les plus hétéroclites, éventuellement tirés de l'environnement le plus quotidien, présente dans de nombreuses œuvres liées à la sculpture sonore, s'est étendue, ces dernières années, au champ de la technologie qui, à son tour, a pris le caractère d'un gigantesque bric-à-brac, jusqu'à perdre peu à peu quelque chose de son aura naïvement sacralisée. Cela a pu conduire certains artistes à coupler les objets les plus élémentaires, ainsi que le corps, avec des moyens de programmation informatique des plus sophistiqués. L'œuvre de Bernard Pourrière est particulièrement significative à cet égard.
Plus généralement, la diffusion différée transforme la perception que l'on a d'une source sonore et favorise précisément de fertiles quiproquos. Le fait d'oblitérer l'origine visuelle du son et de l'inscrire dans un contexte inédit contribue à le dépayser, perturbe tout sentiment d'évidence ou de familiarité, faisant activement intervenir l'action de la mémoire. L'outil technologique devient de ce fait un auxiliaire susceptible d'« interpréter » la nature selon des modalités qui échappent aux moyens traditionnels et ouvrent vers l'inconnu. Mais les technologies n'engendrent-elles pas elles-mêmes rapidement des systèmes de convention et de conditionnement ? Dans les installations, le son contribue à délimiter activement un lieu, résorbant l'opposition dualiste entre

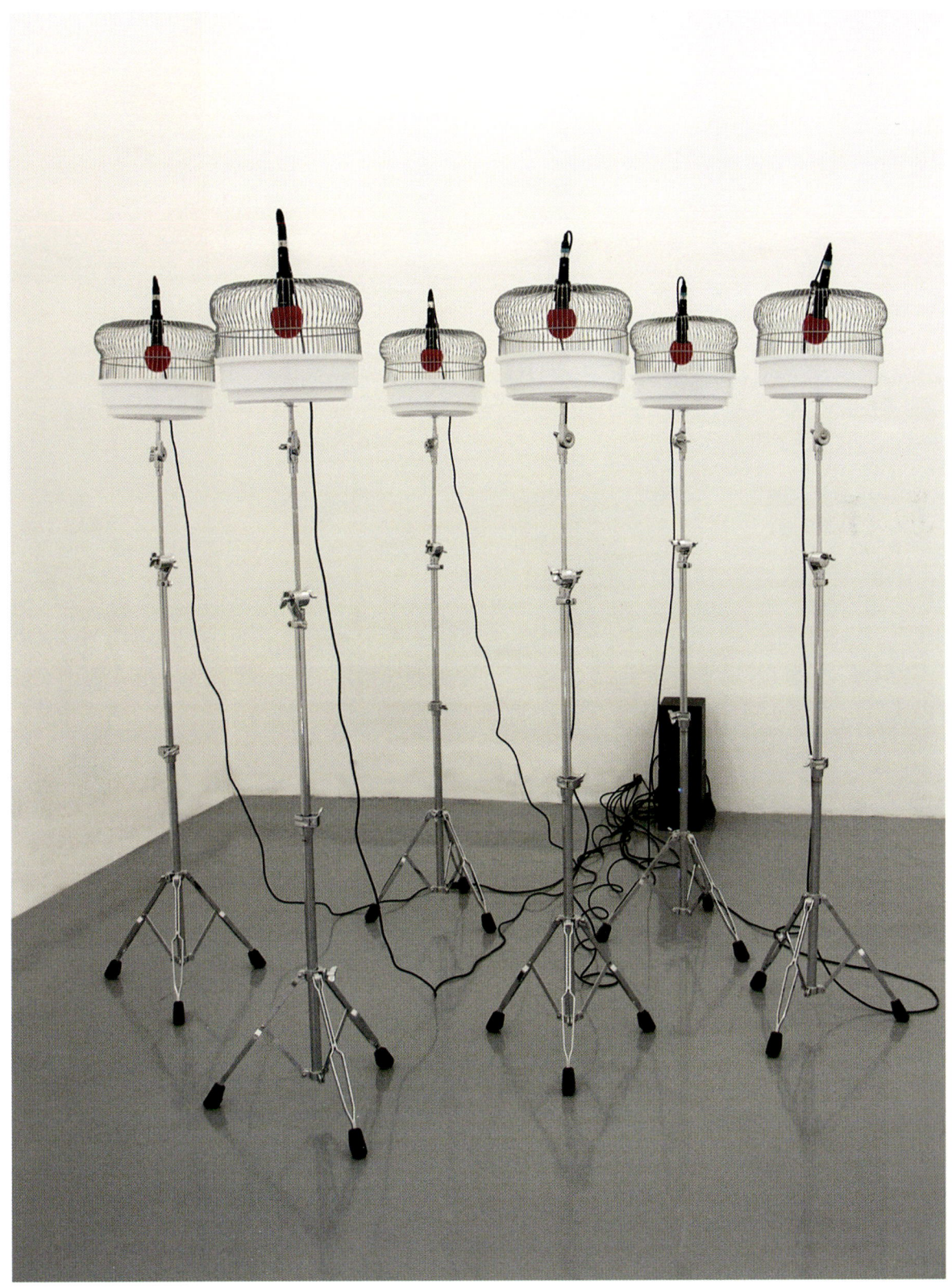

temps et espace, une des propriétés du son étant en quelque sorte de sculpter l'espace. On pourrait par ailleurs distinguer les installations où l'auditeur/spectateur est mis en présence des mécanismes ou composants technologiques qui donnent naissance aux objets sonores, pouvant dans certains cas infléchir leur production, de celles où l'origine du son et ses transformations apparaissent partiellement « dématérialisées », l'invitant plus à se concentrer sur le son lui-même et le rapport qu'entretient celui-ci avec l'architecture du lieu que sur son mode de fabrication.

Dans certains cas, le dépistage des mouvements du spectateur est à l'origine de séquences de sons dont l'articulation dépendra étroitement de ses déplacements. Par exemple, dans une installation de Pourrière réalisée en 2007, une caméra reliée à un ordinateur capte certains mouvements de la personne assise au centre d'un espace prévu à cette intention ; ses gestes déclenchent des chants d'oiseaux dont elle peut faire varier à volonté l'organisation. Encore convient-il d'ajouter que, dans ses installations, ce sont des cris d'animaux, des chants d'oiseaux ou des bruits d'êtres humains téléchargés sur internet puis retravaillés sur ordinateur, comme si l'artiste tenait, par là même, à travers la mise en place de tels « objets sonores trouvés », à instaurer une distance avec ce qui pourrait apparaître comme la conséquence de choix essentiellement subjectifs, pour s'orienter de préférence vers une forme de collecte et d'archivage. Tout se passe comme si Pourrière se plaisait à jouer sur l'aspect de représentation que suppose la transmission de tels phénomènes sonores à travers un médium comme Internet, et cela lui permet en outre d'intégrer toutes sortes de bruits parasites, d'imperfections, donc d'inscrire l'accidentel au cœur de sa démarche.

Les séquences sonores qu'il réalise sont basées sur des techniques de découpage et de mixage. Selon ses propres termes, « des fragments sont isolés et peuvent fonctionner indépendamment, ou bien s'associer à d'autres par le jeu des "copier-coller" et des duplications. Le fragment peut se démultiplier, se scinder et se coupler à d'autres fragments, empruntés à d'autres espèces ». Plus qu'une déconstruction, on observerait plutôt chez lui « la mise à plat d'éléments modulables, capables d'interactions, de regroupements, d'extensions, de dilutions, voire d'effacements parce qu'ils ne sont pas figés, ni déterminés ». Ces opérations lui donnent la possibilité de manipuler à sa guise des éléments pour forger des matières hétérogènes. Et cela constitue aussi pour lui une manière personnelle de décliner des principes comme ceux de l'hybridation et du clonage, tellement déterminants dans le travail sur le son au moyen des techniques électro-acoustiques les plus récentes.

« L'aléatoire est une partie importante de

Sans titre 2010, installation sonore interactive
pieds métalliques, câbles, micros
ordinateur, carte son, haut-parleurs

Untitled 2010, interactive sound installation
metal stands, cables, mikes,
computer, sound card, speakers

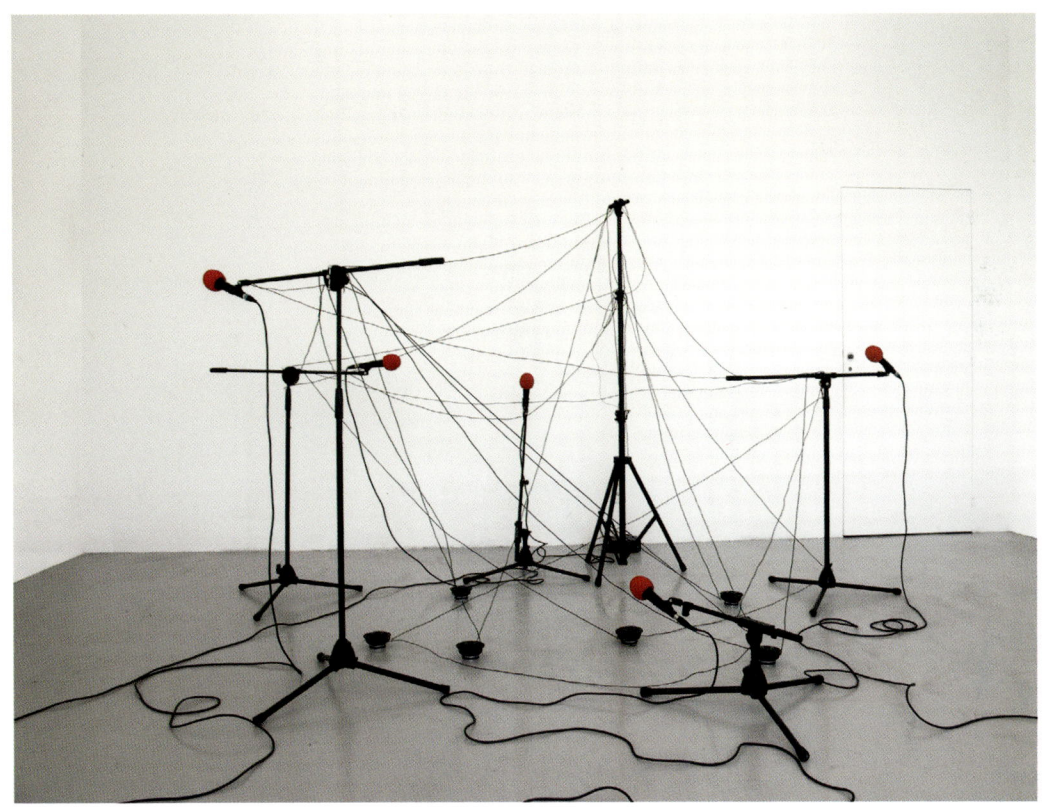

Sans titre 2010, installation sonore
micros, haut-parleurs, câbles, ordinateur,
pieds métalliques

Untitled 2010, sound installation
mikes, speakers, cables, computer, metal stands

Sans titre 2010, installation sonore interactive
pieds métalliques, câbles, micros, ordinateur,
carte son, haut-parleurs, panneaux mousse

Les micros captent diverses amplitudes et fréquences
de l'espace environnant, ce qui déclenche des
modifications sur la bande sonore de départ.
Les panneaux mousse modifient l'espace sonore.

Untitled 2010, interactive sound installation
metal stands, cables, mikes, computer,
sound card, speakers, foam mats

The mikes capture different amplitudes
and frequencies in the surrounding space,
which trigger changes in the initial soundtrack.
The foam mats change the sound space.

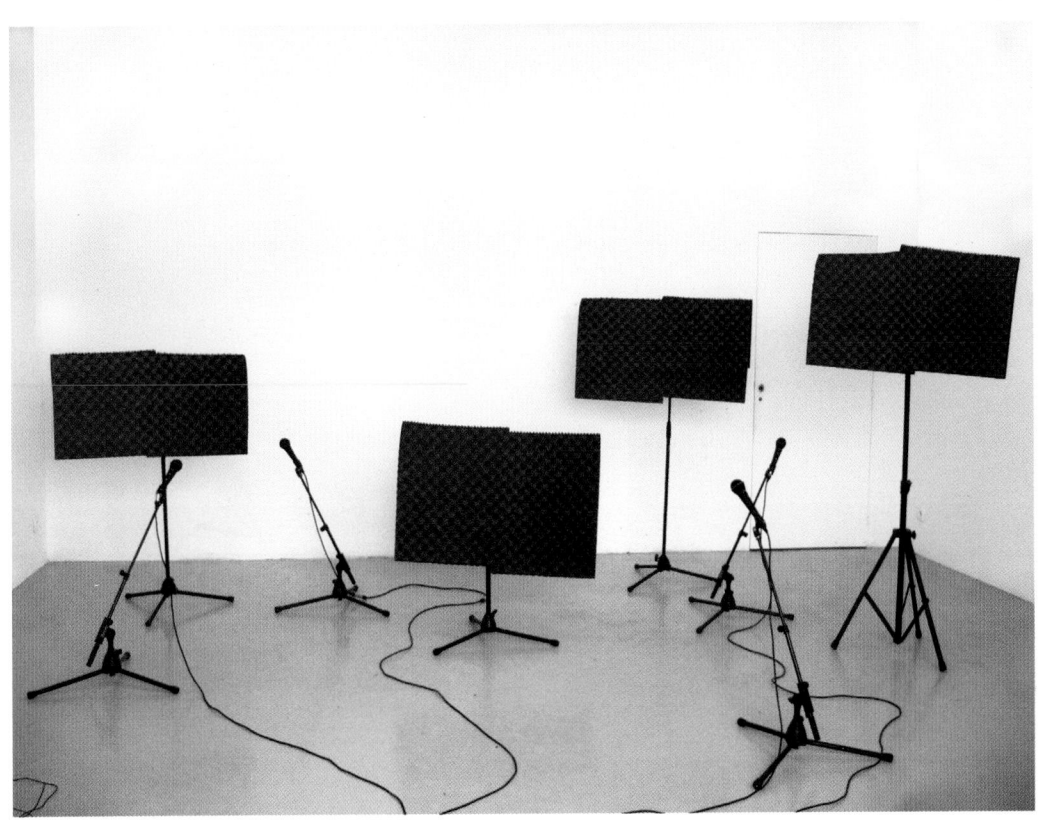

Sans titre 2011, installation sonore interactive
tiges métalliques, pieds métalliques,
haut-parleurs, câbles, carte son, micros, ordinateur

Des capteurs de mouvement provoquent la diffusion
de sons suivant le déplacement des visiteurs.

Untitled 2011, interactive sound installation
metal rods, metal stands, speakers,
cables, sound card, mikes, computer

Motion sensors pick up visitors' movements,
causing the transmission of sounds.

mon travail aussi bien dans la manipulation des fragments sonores que peuvent générer les spectateurs/acteurs par leurs déplacements, que par des combinaisons que je propose dans mes performances où peut s'instaurer un jeu entre quelque chose de plus calculé (pouvant s'apparenter à une partition) et quelque chose de plus expérimental. Ce côté expérimental est aussi important dans le sens où j'essaie de mettre le corps en difficulté dans ses mouvements et ses gestes, le rapport du corps à l'outil technologique, et où le corps peut devenir un outil de composition, surtout quand je travaille avec plusieurs personnes en même temps ».

Pour *Space 2007*, un dispositif de capteurs balaie un périmètre défini. Ceux-ci déclenchent des phénomènes acoustiques en fonction des mouvements d'une personne qui a simultanément la possibilité de les visualiser sur écran. Dans une autre installation de 2007, les déplacements du spectateur, lorsqu'il marche ou touche les tapis disposés au sol et sur le mur, influent sur le dispositif, constitué aussi bien d'éléments vidéos que de phénomènes sonores.

En effet, l'équipement propre à une installation sera fréquemment présenté comme générateur de faits tout à la fois visuels et sonores, les deux aspects visant à s'accorder dans la perception. C'est pourquoi les câbles, tiges métalliques, les microphones et leurs pieds, les haut-parleurs... ne sont nullement dissimulés, participant à leur manière d'une sorte de dramaturgie du sonore. On ne saurait toutefois nullement déceler de parti pris esthétique artificiel dans de tels dispositifs, qui sont avant tout présentés comme la condition nécessaire à la mise en œuvre et à la manifestation d'un processus, avec les multiples aléas que cela suppose.

Chez Bernard Pourrière, le dispositif électroacoustique représente un pôle d'intérêt visuel à part entière qui permet à l'auditeur/spectateur de saisir, ou en tout cas de pressentir, de quelle manière les sources sonores ainsi provoquées peuvent être manipulées en temps réel. Il devient, pour un temps, un « performeur », invité à faire corps avec un équipement technologique spécifique associé aux séquences de sons préenregistrés. Très souvent, ses installations mettent en relief des expériences individuelles. Par exemple, dans *Gym*, couché sur un tapis de caoutchouc, les genoux pliés, un auditeur/spectateur déplace avec ses pieds un haut-parleur équipé d'un capteur, ce qui, dès lors, modifie le son émis.

Il peut également arriver que plusieurs personnes conjuguent leurs actions, un peu comme s'il s'agissait d'un petit effectif de musique de chambre. Ainsi, dans une installation de 2009, les mouvements et déplacements de trois personnes modifient-ils le son en temps réel, tandis qu'un quatrième participant module leurs interventions au moyen d'un ordinateur.

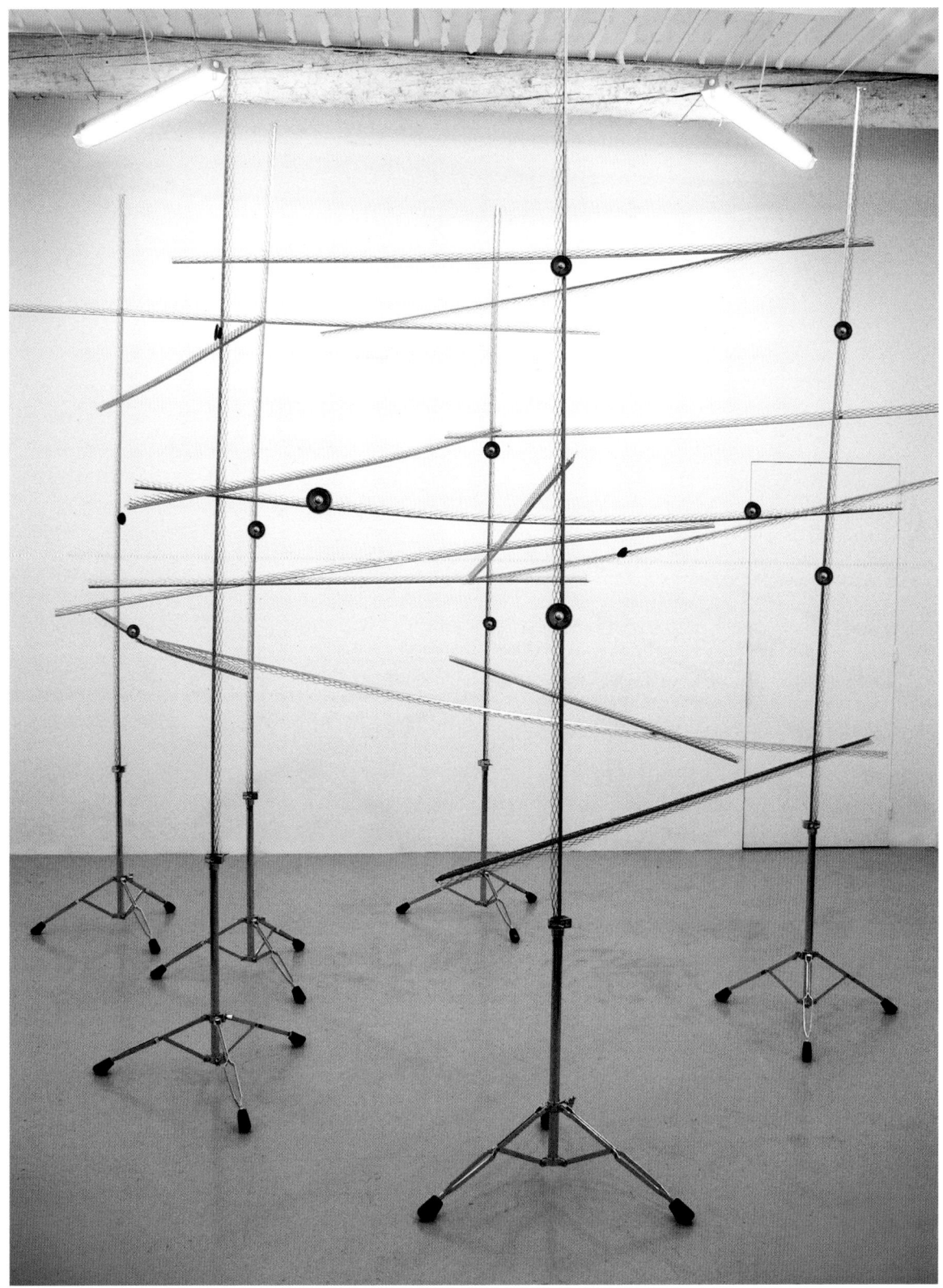

Sans titre 2010, installation
pieds métalliques, tiges métalliques

Untitled 2010, installation
metal stands, metal rods

La plupart de ses installations reposent sur des gestes simples, chacune étant polarisée sur une action unique, comme s'il s'agissait d'un solo, ou mieux, d'un duo entre le corps et l'équipement technique propre à chacune : le fait de tourner sur soi-même, de se balancer, d'être en équilibre, de bouger les pieds, remuer les mains, de façon plus ou moins maîtrisée. Certaines peuvent donner lieu à une situation qui semble évoluer d'elle-même : dans *Sous table*, le performeur, qui tient dans une main un capteur relié à un ordinateur interférant sur la fréquence et la tonalité d'un chant d'oiseau, expérimente un espace où le geste se fait de plus en plus restreint, ce qui n'est pas sans rappeler le propos théâtral d'un Beckett. Dans *Tonneau 2010*, le performeur se sert manuellement de deux manettes Wii pour gérer le résultat sonore, tout en devant assumer la difficulté de se déplacer.

À la croisée de l'intelligence artificielle, de la robotique et de la génétique, les processus générés par Pourrière restent largement ouverts, au sens où l'auditeur/spectateur se trouve nécessairement confronté à une part d'inattendu, d'inentendu. Alors que de nombreuses œuvres basées sur les nouvelles technologies ont tendance à se refermer sur des objets clos, il en va tout autrement dans ses installations et performances, qui intègrent de plein droit les notions de jeu et de flexibilité.

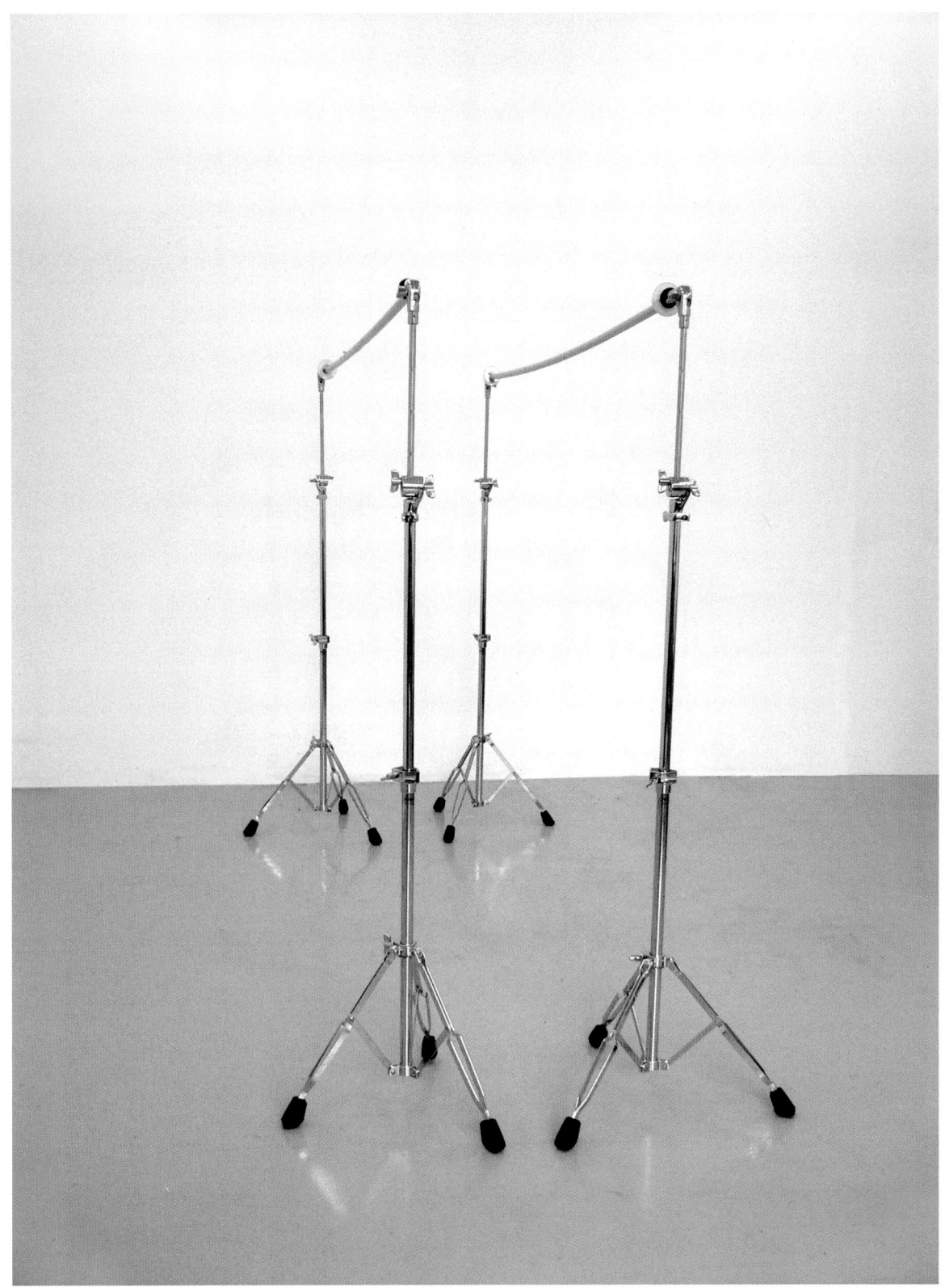

Sans titre 2012, installation sonore (projet)
mousse, câbles, casques, lecteurs

Untitled 2012, sound installation (project)
foam, cables, headphones, players

Sans titre 2011,
photomontage, 60 × 45 cm

Untitled 2011,
photomontage, 60 × 45 cm

Positions intimes 2010, installation sonore
pied métallique, caisse de résonance,
haut-parleur, lecteur, ampli

Intimate Positions 2010, sound installation
metal stand, sound box, speaker, player, amp

Sans titre 2011, dessin, collage, technique mixte, 60 × 45 cm

Untitled 2011, drawing, collage, mixed media, 60 × 45 cm

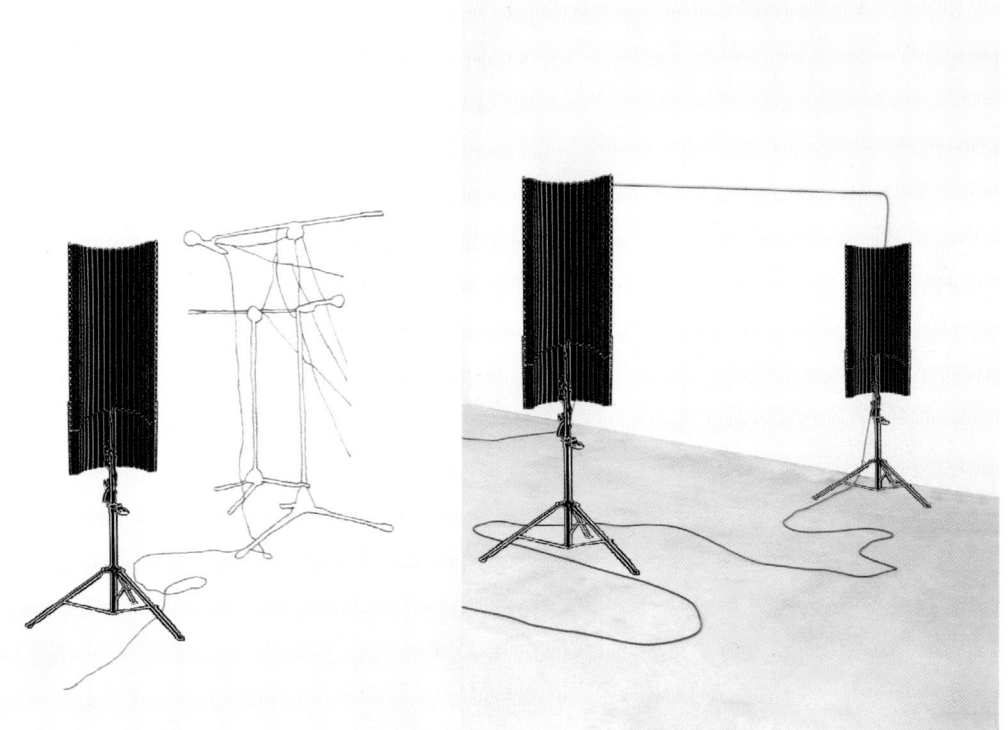

Tensions 2011, photographies, 60 × 45 cm

Tensions 2011, photographs, 60 × 45 cm

Sans titre 2011, installation sonore
mousse, câbles, casque, lecteur

Untitled 2011, sound installation
foam, cables, headphone, player

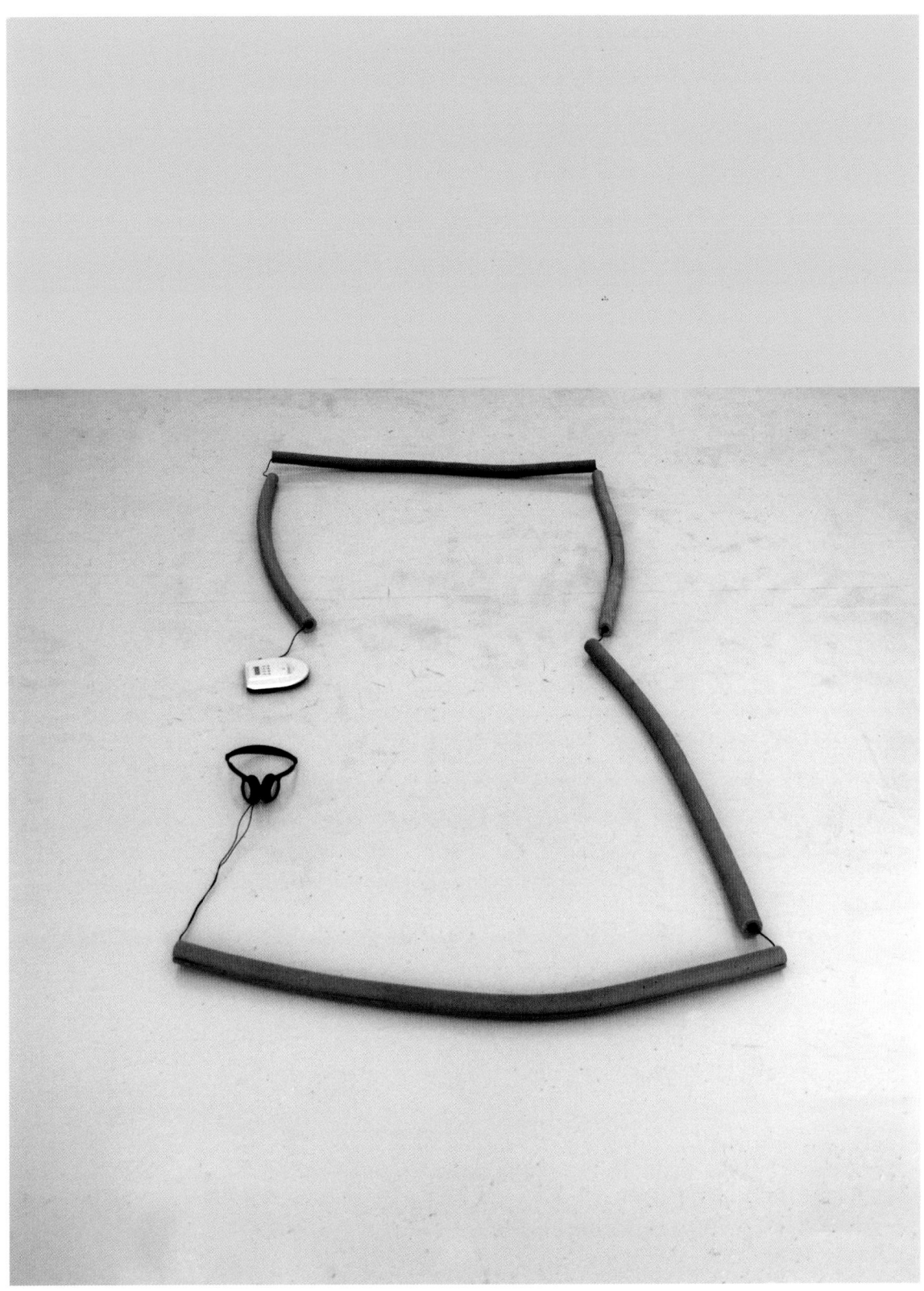

Positions intimes 2010, installation sonore
deux pieds métalliques, deux cymbales, un pied
métallique, un tom aigu, deux lecteurs, haut-parleurs

Intimate Positions 2010, sound installation
two metal stands, two cymbals, one metal stand,
one high tom, two players, speakers

Sans titre 2010, installation sonore pour performance
micros, haut-parleurs, câbles, ordinateur, carte son,
table mixage, ampli, lecteur, estrade bois-fer-mousse

Untitled 2010, sound installation for performance
mikes, speakers, cables, computer, sound card,
mixing console, amp, player, wood-iron-foam platform

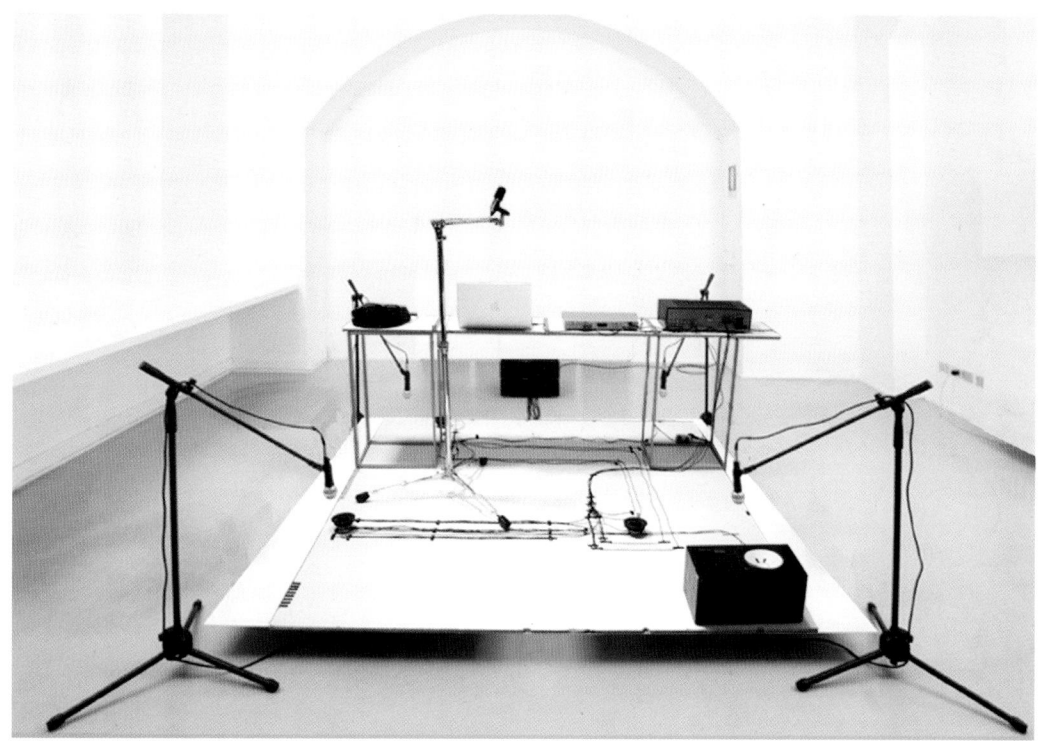

Tonneau 2010, performance sonore 4' 33"
le performeur, deux capteurs dans les mains (reliés à un ordinateur), manipule du son suivant ses déplacements

Barrel 2010, sound performance 4' 33"
the performer holding two sensors connected to a computer manipulates sound according to his movements.

Balancement 2009, performance sonore 1' 10"

La performeuse munie d'un capteur connecté à un ordinateur influe par ses mouvements sur une matière sonore.

Balance 2009, sound performance 1' 10"

The performer holding a sensor connected to a computer influences a sound matter by her movements.

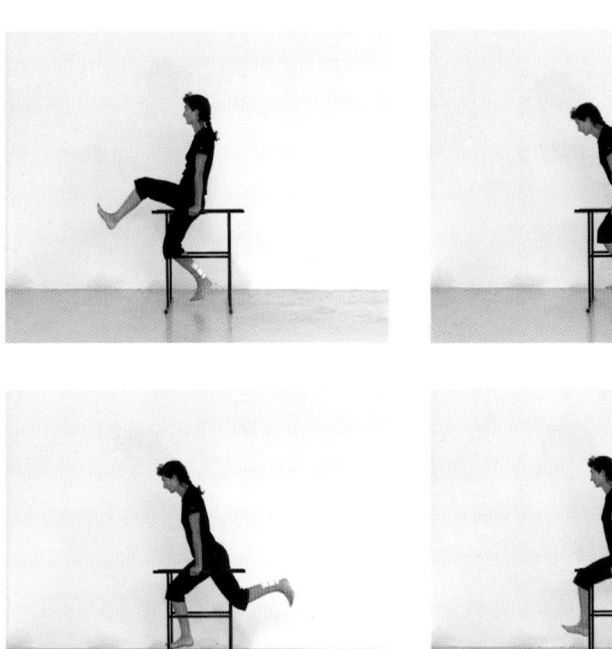

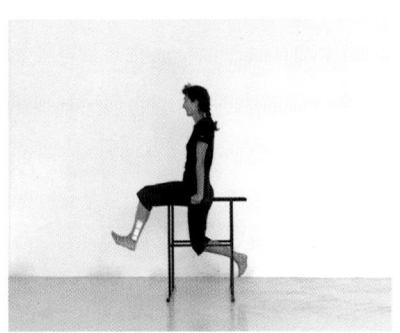

Bernard Pourrière.
Sound, Body and the Technological Tool

Jean-Yves Bosseur

In certain works in the field of sound sculpture and installation, the concept of audience participation takes on a completely different meaning than that which is normal in public performances. Certain musicians and/or sound technicians recommend a diverse range of resources or sound objects, different to previous practices, so the acoustic experience does not only address those with musical knowledge.

The technical means developed in recent decades for the production and dissemination of visual and acoustic phenomena are not seen as an end in themselves and have altered our understanding both of the links they have with the visual components of the work and the surrounding environment. Currently, most of the music that we hear is oriented, willingly or unwillingly, to electro-acoustics; that is to say, all music is conceived, in whole or in part, from a support (analogic, digital, computerised). Our perception is therefore increasingly more explicitly mediated by electronics, and it is not surprising that a number of artists like Bernard Pourrière have developed hypotheses on the creative, or rather subversive, reaction, to such a situation. In areas ranging from electro-acoustic productions to installations, it now seems that the use of new technologies represents a means of connection between modes of expression whose distribution channels have for long run along separate paths.

In most multimedia projects, the development of an electronic audio-visual circuit and the definition of a soundtrack or a musical instrumentation are an integral part of the composition and play an important role in giving the project its identity.

It is of course very difficult to make a strict classification between "categories" such as performance, multi or inter-media. The very nature of such activities blurs any classification criterion. Sound sometimes intervenes as a critical counterpoint which is necessary for the visual. The installation, at the crossroads of several distinct trends which nevertheless share the ambition to move beyond the divisions between art forms felt to be too schematic, might appear to be the inheritor of the inventors of new lutheries, of followers of multi-media, of the sound technicians for whom the element of sound has become an integral part of their creative process. In the installation, the concept of audience participation has very different implications from that in "happenings," where the audience is generally encouraged to instantly respond to stimuli which take place within the fixed time of the representation or spectacle. The installation gives the listeners/viewers the opportunity to forge their own path in a self-determined period. If they are asked to be "active," it will be both at the level of perception and of manipulating of the objects in the exhibition space.

In terms of the use of new technologies, one

Parcours 2011, installation
tiges plastiques, pieds métalliques

Course 2011, installation
plastic rods, metal stands

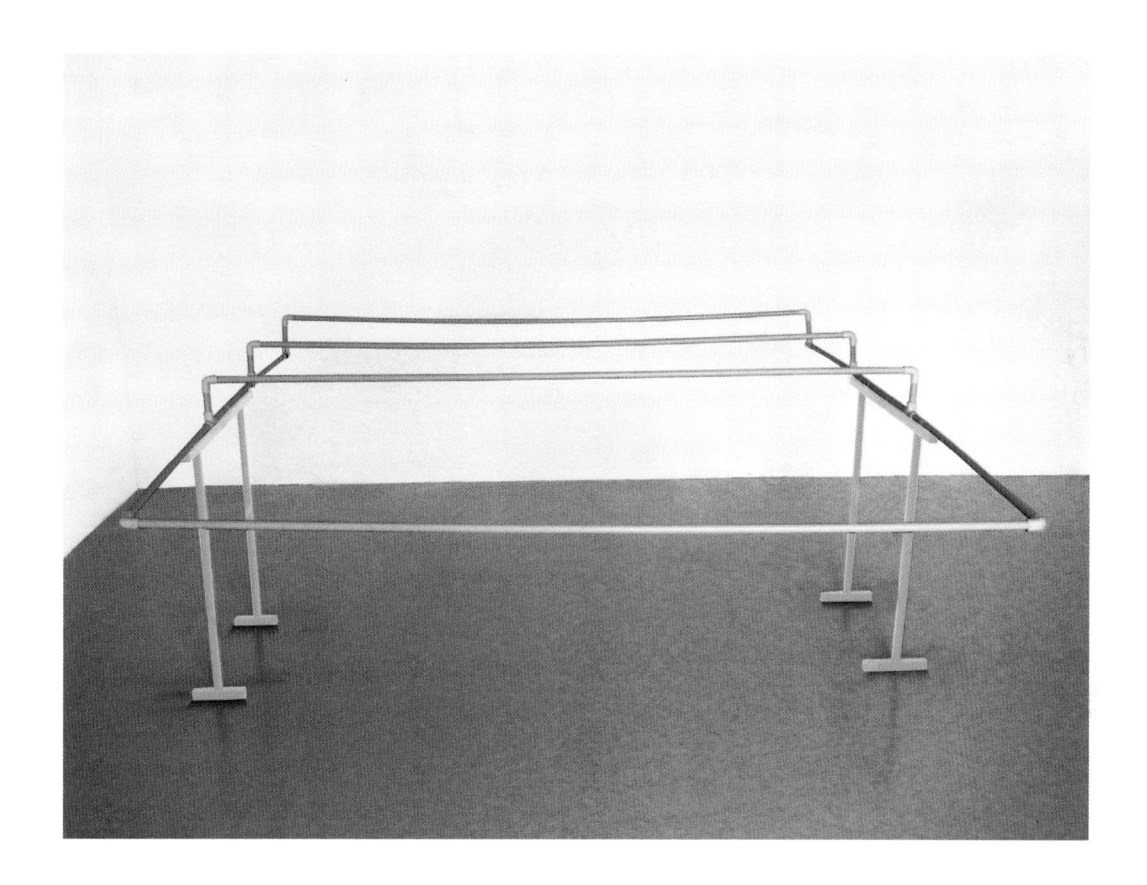

possibility would be to use tools in a different way from that for which they were originally envisaged. Indeed, it is clear that most of the equipment we have today, such as synthesizers, computers, or interactive equipment, is designed for narrowly predictable commercial or functional uses. It is then up to the artists to show the extent to which these uses can be transgressed and be made critical and entertaining. The technological process thus becomes an instrument at the service of a compositional process. In this case, the prestige of its novelty or complexity is effaced to allow the concept of the work itself to be imposed on the process so that it becomes something other than a skillful demonstration of given pre-existing techniques. But the greater the seduction of the technology, the greater the tension that allows the artist to exercise his or her rights over it with a personal project that can free itself from a too literal application of its operating modes. However, we can see that this idea of recovery, frequently humorous, of the most heterogeneous materials, often coming from the most everyday banal environment, which can be found in many sound sculpture works, has spread in recent years to the field of technology, which, in turn, has taken on the characteristics of a gigantic bric-à-brac, and has gradually lost some of its naively sacred aura. This has led certain artists to link the most basic objects, and the body, with the most sophisticated computer programmes. The work of Bernard Pourrière is particularly important here.

More generally, this new use of sound transforms the perception that one has of a sound source and produces interesting misunderstandings. The fact of obliterating the visual origin of the sound and of placing it in a new context helps to disorient and disturb any obvious feeling and familiarity and actively intervenes in the memory process. The technological tool thereby becomes an aid to this fact which might "interpret" nature in ways that escape traditional forms and which are open to the unknown. But do not technologies quickly create their own conventional and conditioning systems? In the installations, the sound helps to actively define a place, reabsorbing the dualistic opposition between time and space, and one of its properties is that it is in some way a sculptor of space.

One could also distinguish the installations where the listener/viewer is confronted with the technological components or mechanisms that give rise to sound objects, which in certain cases may influence their production, and those whose original sound and transformations appear partially "dematerialized," inviting the listener to focus more on the sound itself and the relationship that it has with the architecture of the place than on its mode of manufacture.

In some cases, the detection of the movements of the viewer is the origin of

Sans titre 2011, installation sonore
tapis mousse, câbles, ampli, lecteur, haut-parleurs,
socle à roulettes

Untitled 2011, sound installation
foam mat, cables, amp, player, speakers, base on wheels

sequences of sounds whose articulation is closely tied to their movements. For example, in an installation Pourrière made in 2007, a camera attached to a computer captures certain movements of the person sitting in the centre of a space; the person's actions then trigger birdsongs which can be made to vary according to the movements. His installations also use animal sounds, birdsongs or noises of people downloaded from the Internet and then reworked on a computer, as if the artist were able, right there, through the use of such "discovered sound objects," to create a distance between what might appear to be the consequence of essentially subjective choices, in order to orient oneself by preferring a form of collecting and archiving. It is as if Pourrière wished to play on the aspect of representation that presupposes the transmission of such sound phenomena through a medium like the Internet, and this also allows him to integrate all kinds of parasitic noise, imperfections, and to include the accidental at its heart.

Pourrière's sound sequences are based on cutting and mixing techniques. In his own words, "fragments are isolated and can operate independently or join up with others in the game of 'cutting and pasting' and duplications. The fragment can multiply, split and connect with other fragments, borrowed from other species." Rather than a deconstruction, one can find "the flattening of modular elements, capable of interaction, regroupings, extensions, dilutions, or deletions, because they are not definitive or determined." These operations allow him the possibility of manipulating elements at will to build heterogeneous materials. And this is also his personal way of refusing principles such as those of hybridization and cloning, which are so important in the work on sound in the most recent electro-acoustic techniques.

"Randomness is an important part of my work both in the handling of sound fragments that can generate viewers/actors by their movements, and by combinations that I propose in my performances where there may be a play between something more calculated (that seems like a partition) and something more experimental. The experimental side is also important in the sense that I try to put the body in difficulty in these movements and gestures, the relationship of the body to the technological tool, where the body can become a tool for composition, especially when I am working with several people at the same time."

In *Space 2007*, a sensor device scans a defined area. This triggers acoustic phenomena according to the movements of a person who may simultaneously view them on a screen. In another 2007 installation, the movement of the viewer, when treading on the mats on the floor and touching those on the wall, affects the device, which also contains video elements and sound phenomena. Indeed, the equipment necessary for an installation will frequently be present as a generator of both visual and sound facts, which combine together in one's perception. This is why the cables, metal rods, microphones and their stands, the speakers... are never hidden, and take part in their own way in a kind of sound drama. We cannot however detect any aesthetic bias in such artificial devices, which are primarily presented as the necessary condition for the implementation and demonstration of a process, with the multiple hazards that this entails.

For Bernard Pourrière, the electro-acoustic device is a centre of visual interest in itself and also allows the listener/viewer to grasp, or at least to sense, how the sound sources which have been made can be manipulated in real time. The viewer becomes, for a time, a "performer," invited to join in with the specific technological equipment associated with sequences of prerecorded sounds. His installations often highlight individual experiences. For instance, in *Gym*, a listener/viewer, lying on a rubber mat, knees bent, moves with his feet a loudspeaker equipped with a sensor, which then modifies the sound produced.

Several people may also combine their actions, as if they were a small chamber music group. In a 2009 installation, the movement and shifting of three people modify the sound in real time, while a fourth participant modulates their interventions by using a computer.

Most of Pourrière's installations are based on simple gestures, each of them concentrated into a single action, as if it were a solo, or rather, a duet between the body and the appropriate technical equipment: the act of turning around, swaying, balancing, shaking one's feet or hands, in a way that is more or less under control. Some may lead to a situation that seems to evolve on its own: in *Sous table* (On Table) the performer, who holds in one hand a sensor connected to a computer interfering with the frequency and tone of a birdsong, experiments with a space where the action is more restricted, which is reminiscent of Beckett's theatre. In *Tonneau 2010* (Barrel 2010), the performer uses two Wli levers to manage the resulting sound, while having to make the effort to move.

The processes generated by Bernard Pourrière, at the crossroads of artificial intelligence, robotics and genetics, are open, in the sense that the listener/viewer is necessarily confronted with the unexpected and unintelligible. While many works based on new technologies tend to withdraw into closed objects, his interactive sound installations and performances are quite different and fully incorporate the concepts of game and flexibility.

Partition gestuelle 2010, dessin collage 30 × 22 cm

Gestural Score 2010, drawing, collage, 30 × 22 cm

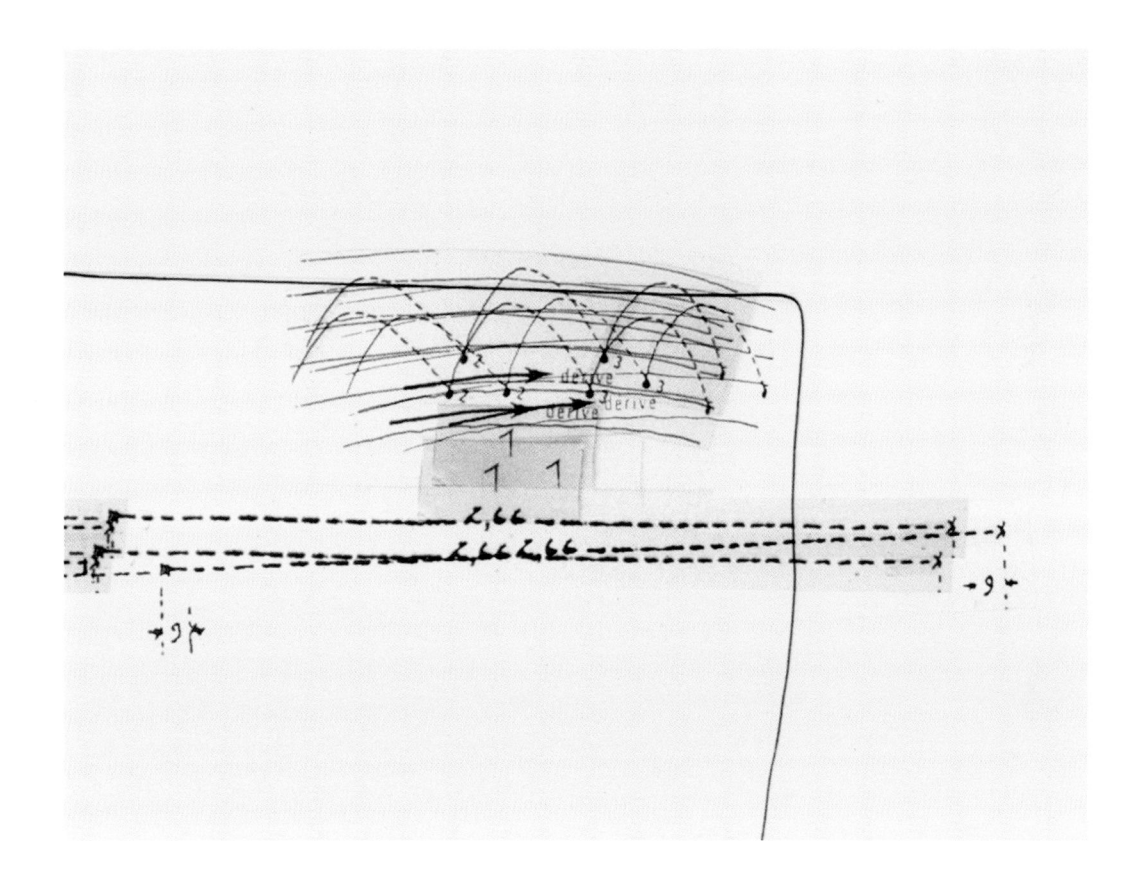

Sans titre 2011, installation
deux pieds de grosse caisse

Untitled 2011, installation
two bass drum stands

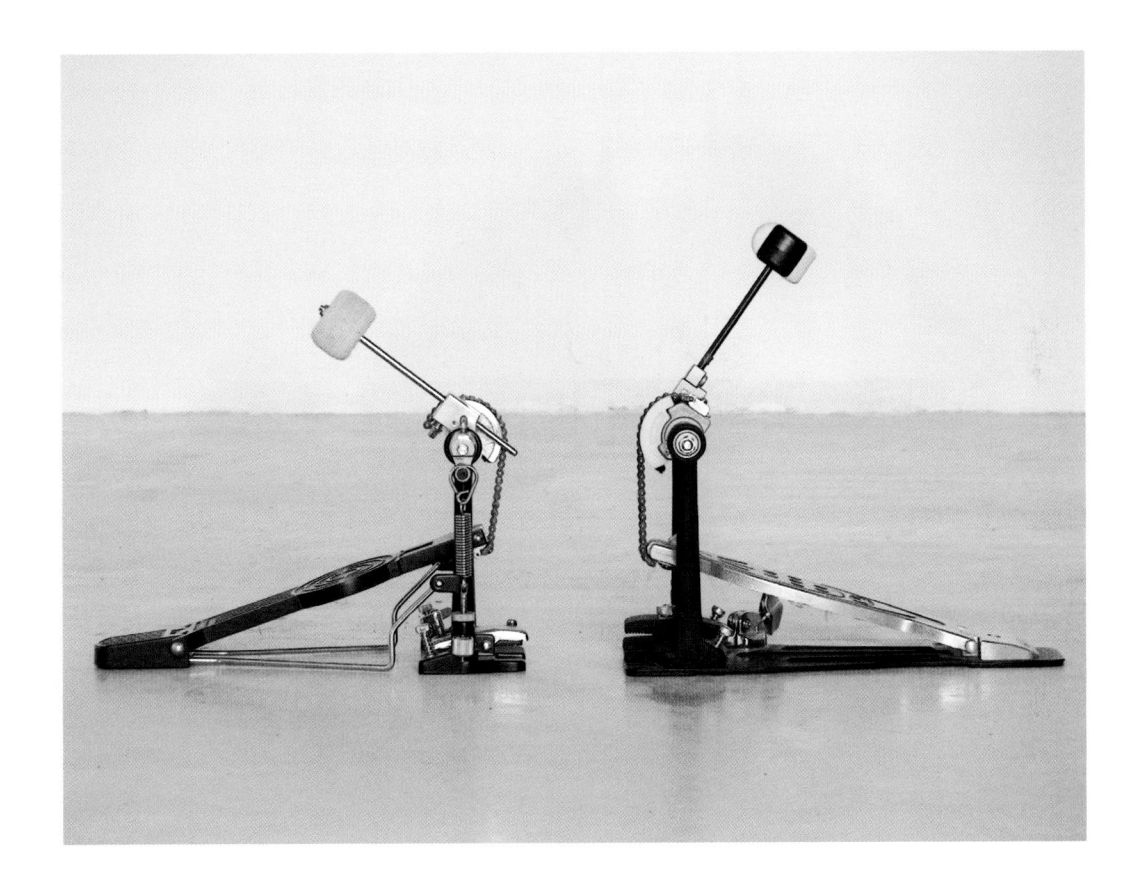

Sono mobile 2012, installation sonore
haut-parleurs, câbles, lecteur, ampli, micro, caddie

Sono mobile 2012, sound installation
speakers, cables, player, amp, mike, caddie

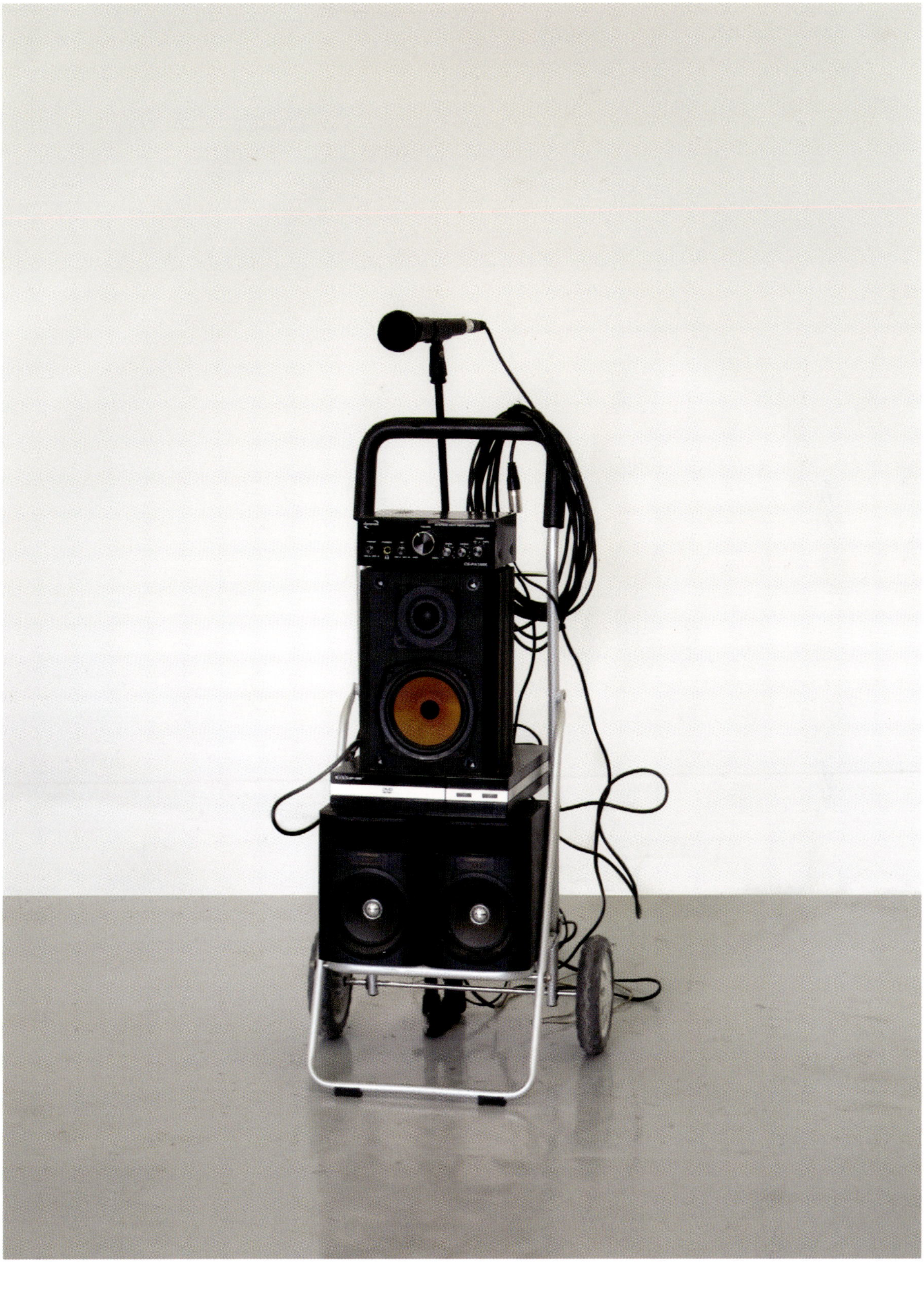

Sans titre 2011, installation sonore
haut-parleurs, câbles, lecteur, ampli,
housse, pieds métalliques

Untitled 2011, sound installation
speakers, cables, player, amp,
covering, metal stands

Sans titre 2010, installation sonore
haut-parleurs, câbles, capteurs, lecteurs, tréteaux, bois

Des capteurs de mouvement provoquent la diffusion de sons suivant le déplacement des visiteurs.

Untitled 2010, sound installation
speakers, cables, sensors, players, trestles, wood

Motion sensors pick up visitors' movements, causing the transmission of sounds.

Sans titre 2010, installation sonore
capteurs, pieds métalliques, lecteurs CD,
haut-parleurs, socle bois, bocal, poisson rouge

Les capteurs s'activent suivant les déplacements
du poisson, ce qui génère du son.

Untitled 2010, sound installation
sensors, metal stands, CD players,
speakers, wooden base, goldfish bowl, goldfish

The sensors are activated by the fish's movements,
which produce sound.

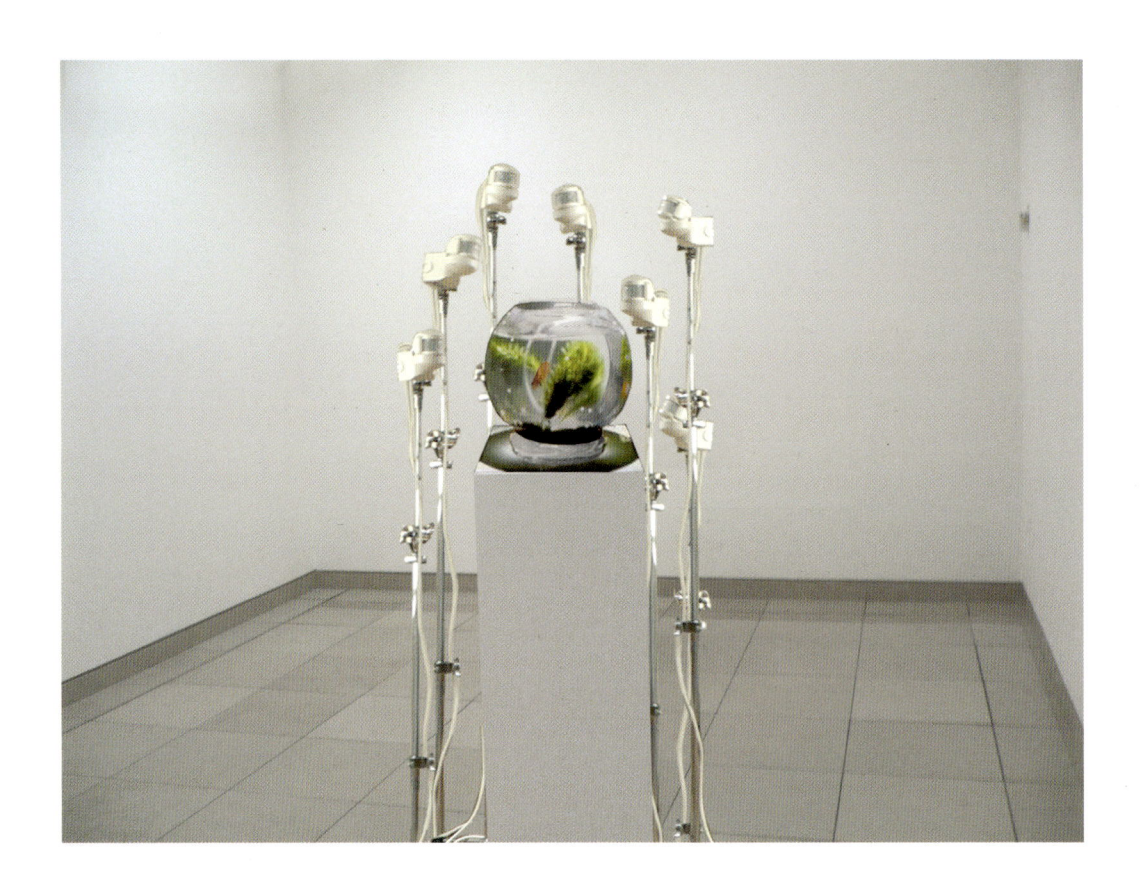

Sans titre 2006, installation sonore (simulation)
haut-parleurs, plexiglas, pieds métalliques,
capteurs, lecteur, ampli, vidéo-projection

Untitled 2006, sound installation (simulation)
speakers, Plexiglas, metal stands,
sensors, player, amp, video-projection

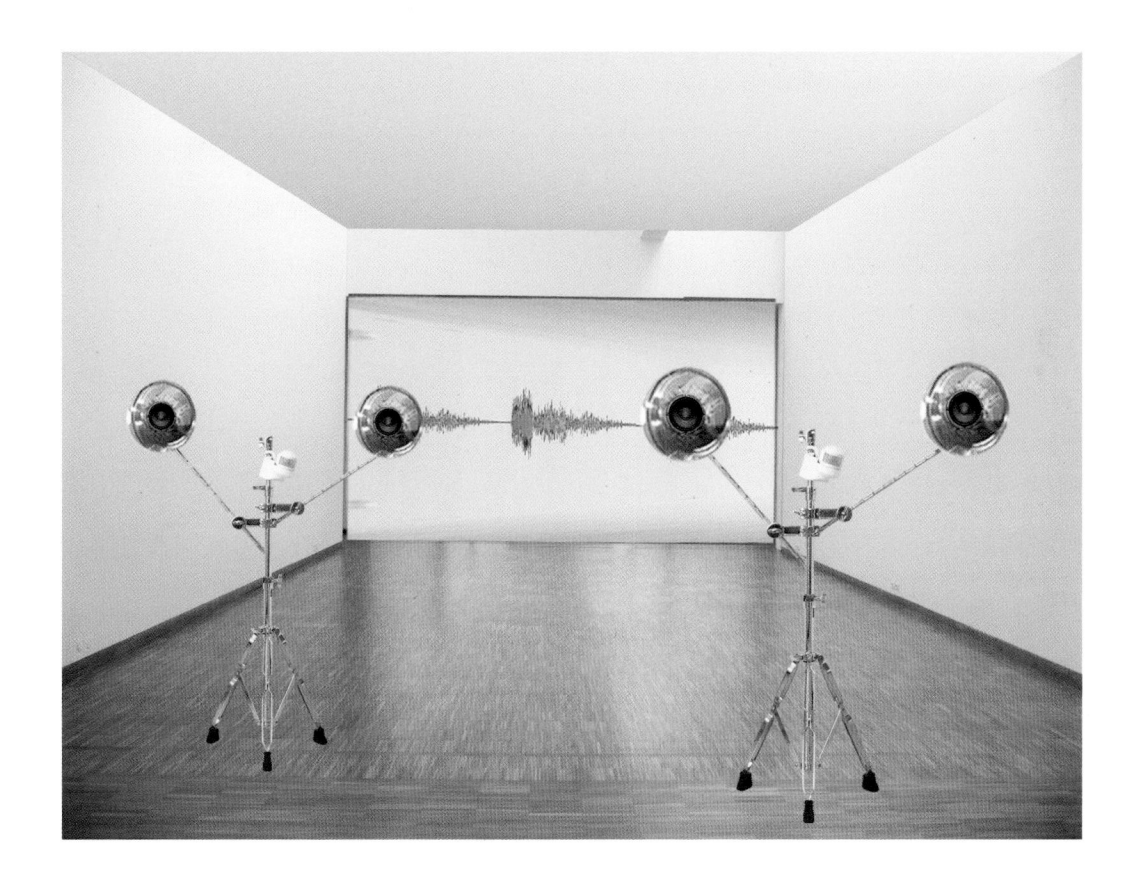

Sans titre 2012, performance sonore durée variable

Le performer se déplace sur deux socles à roulettes munis de capteurs qui sont connectés à un ordinateur, ses mouvements changent la durée, la vitesse, la tonalité d'une matière sonore.

Untitled 2012, sound performance varying in duration

The performer moves on two platforms with wheels holding sensors connected to a computer, his movements change the duration, speed and tonality of a sound matter.

Dispositifs à jouer 2012, installation sonore

Une caméra reliée à un ordinateur enregistre la position des tiges de bois dans un espace donné. Chaque tige correspond à un son dont la tonalité et la vitesse dépendent de leurs orientations. Les tiges peuvent être manipulées pour d'autres compositions.

Devices to Play 2012, sound installation

A camera connected to a computer records the position of strips of wood in a given space. Each strip of wood corresponds to a sound, whose tonality and speed depend on its position. The strips can be manipulated to make other compositions.

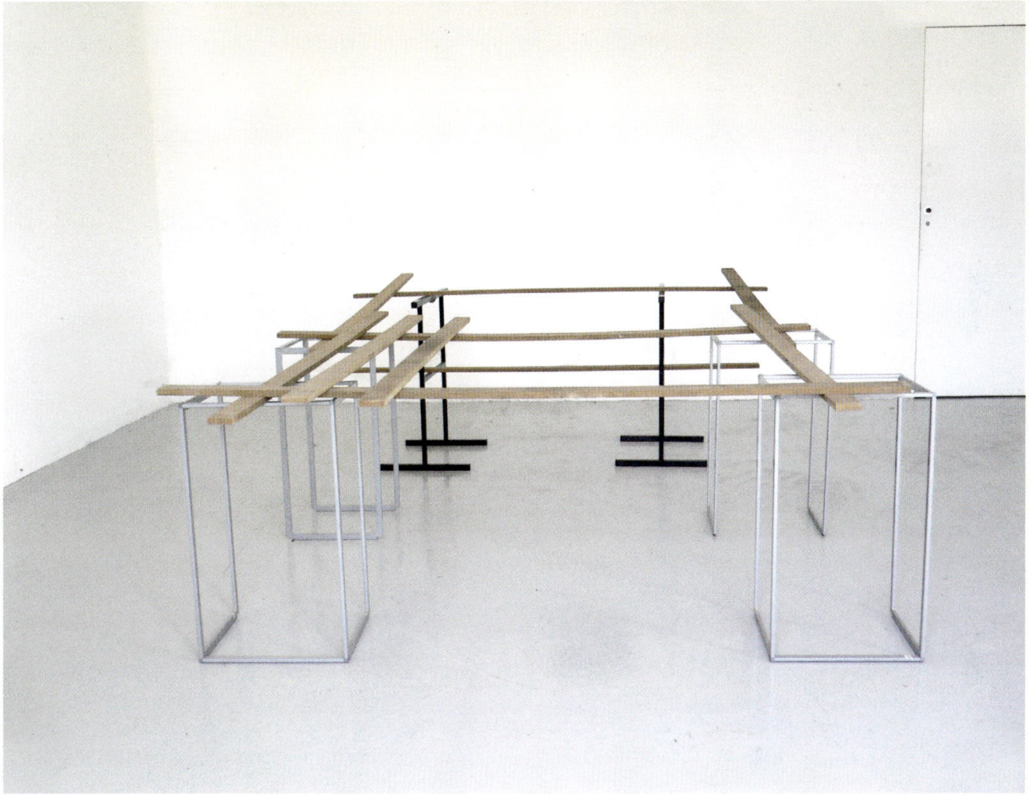

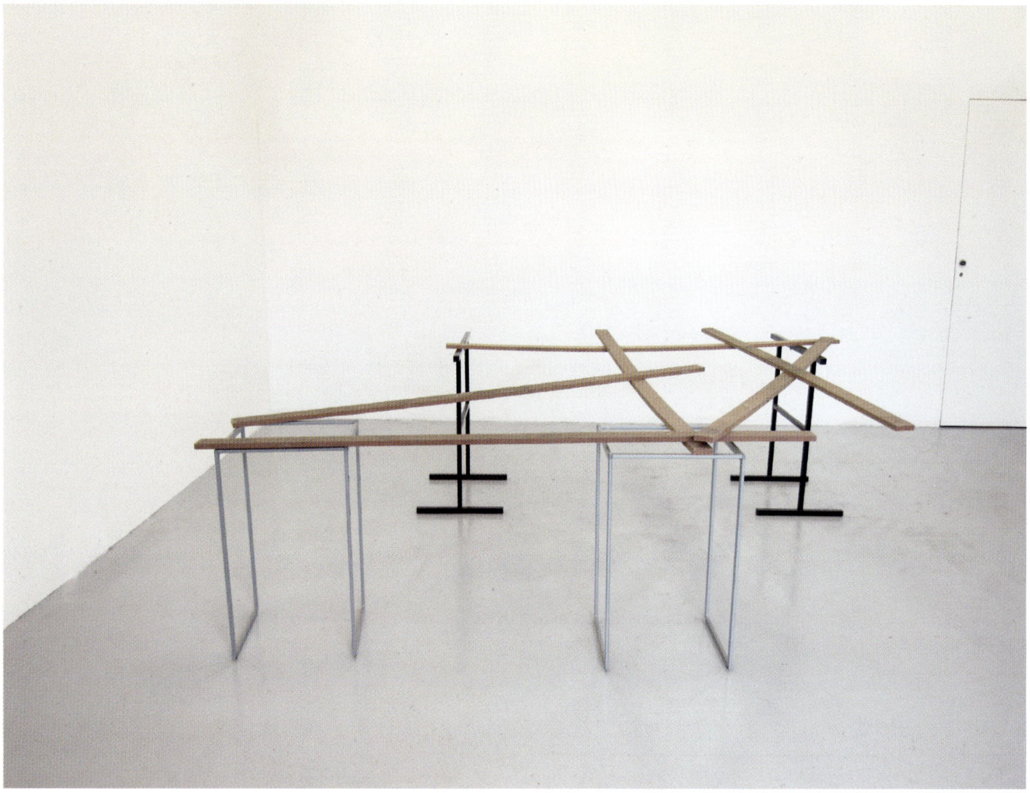

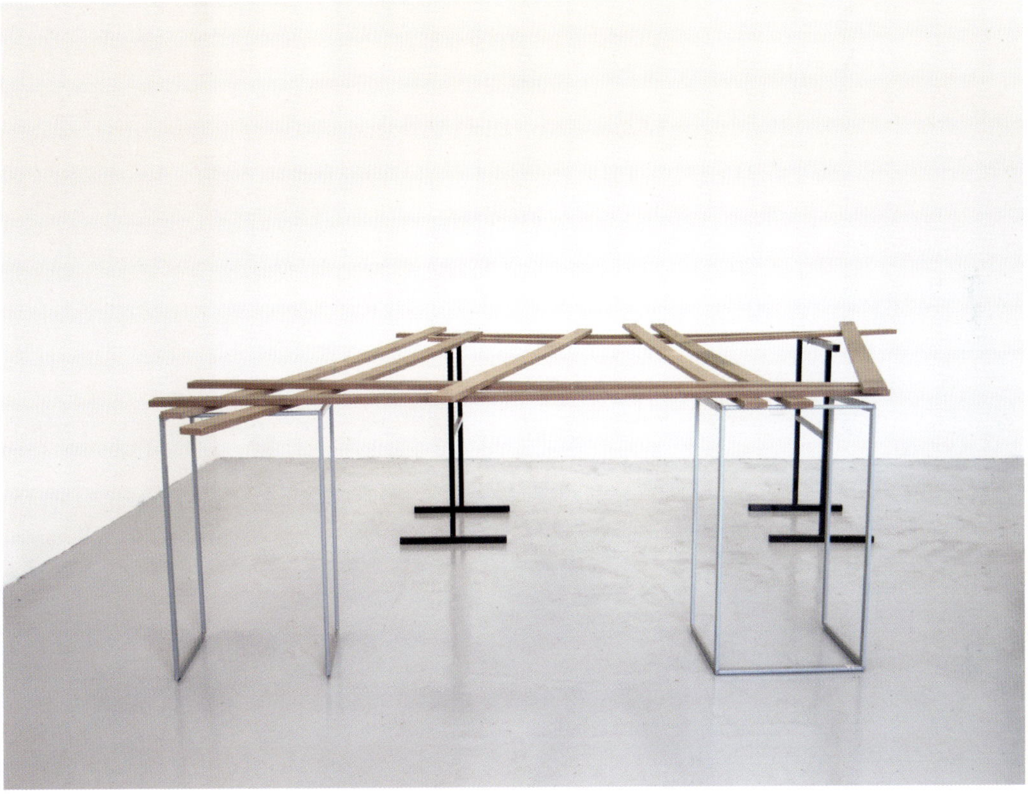

Dispositif à jouer 2012, performance

Deux tiges munies de capteurs connectés à un ordinateur sont manipulées par deux personnes sur un parcours au sol. Les mouvements plus ou moins maîtrisés, influent sur une matière sonore de bruits d'animaux.

Device to Play 2012, performance

Two rods with sensors connected to a computer are manipulated by two people following a route on the ground. The more or less controlled movements create animal noises on a sound matter.

EXPOSITIONS PERSONNELLES

2011
- Galerie Kamila Regent, Saignon en Lubéron

2010
- Galerie Porte Avion, Marseille
- Galerie Depardieu, Nice

2009
- Galerie Depardieu, Nice

2008
- Musée Bonnat, Bayonne
- Galerie Arteko, San Sebastián, Espagne

2007
- Galerie Depardieu, Nice

2006
- Centre d'Art du Cairn, Digne
- ECM Ville de Martigues

2003
- Mois de la photographie, Bratislava, Slovaquie
- Art-Position, Marseille

2002
- Galerie du centre culturel Una Volta, Bastia
- École d'Art, Tempe, Arizona, USA

2001
- Interventions Urbaines, Prague, République tchèque

2000
- Espace d'Art Contemporain, La-Valette-sur-Var
- Le CEMAGREF Centre de recherche scientifique, Aix-en-Provence

EXPOSITIONS COLLECTIVES

2012
- Galerie Villa des Tourelles, Nanterre, commissariat Madeleine Van Doren
- Musée de la Briqueterie, Saint-Brieuc
- Galerie Kamila Regent, Saignon en Lubéron
- Château de Tarascon, Tarascon

2011
- Château de Talcy, commissariat Claude d'Anthenaise
- Biennale d'Art Contemporain de Cahors
- Musée de Châteauneuf-le-Rouge
- « Hors les murs » Galerie Depardieu, Nice
- Galerie Porte Avion, Marseille

2010
- Château d'Avignon, Saintes-Maries-de-la-Mer, commissariat Agnès Barruol
- Chic Art Fair, Galerie Depardieu, Paris

2009
- Open 2009, Le Lido, Venise, Italie, commissariat Enrico Pedrini
- Château de Castries, Albaran, Castries

2005
- Vidéoformes, Clermont-Ferrand
- Lieu d'Art Contemporain 200RD 10, Vauvenargues

2004
- 4e Biennale multimédia, Liège, Centre d'Art les Chiroux, Belgique
- Château de Servières, Marseille
- Maison des Comoni, Revest-les-Eaux, commissariat Raoul Hebreard
- Installation autoroute nord, Marseille, commissariat Régine Dottori
- Château de Servières, Marseille
- Galerie du Tableau, Marseille
- 12 Interventions urbaines, Aix-en-Provence, commissariat Alain Brunet
- Galerie Manu Timoneda, Aix-en-Provence

INTERVENTIONS ET RÉALISATIONS DIVERSES

2010
- Création sonore pour le film *Montagne russe* de Catherine Melin
- Performance chorégraphique *5 barres* 7' 30" avec Colette Colomb et Astrid Giorgetta
- Performance chorégraphique *2 tabourets* 9' 45" avec Colette Colomb et Astrid Giorgetta
- Performance chorégraphique *wii et voix* 6' 20" avec Colette Colomb et Astrid Giorgetta

2009
- Performance avec la compagnie Marie-Helene-Desmaris, Pavillon Vendôme, Aix-en-Provence

2007
- Performance sonore, Domaine d'Abbadia, Hendaye

2006
- Chorégraphie avec Marie-Helene-Desmaris, et création sonore
- Soirée vidéo *Dressing room* au BBB Toulouse, vidéo S. Menuet, création sonore B. Pourrière
- CD audio *Simulation*

2002
- Création sonore pour les vidéos de Sophie Menuet, *Pièces d'attention*
- Création sonore pour la vidéo d'Iveta Duskova, *Journal*
- Rencontre autour d'un dispositif sonore, Prague
- Rencontre *Pépiniériste-Scientifique*, Fuveau
- CD audio *Games in the forest*
- CD audio *Zoo-9* sonneries pour téléphone portable

2001
- CD audio *Variations sur chants d'oiseaux*
- CD audio *Produits du net*

2000
- Rencontre avec des scientifiques, CEMAGREF, Aix-en-Provence
- CD-rom *Plantes évolutives* catalogue de plantes en transformation

BOURSES ET RÉSIDENCES

2012
- Résidence, Musée de la Briqueterie, Saint-Brieuc

2011
- Aide à la création DRAC PACA
- Aide à l'édition, Conseil général des Bouches-du-Rhône
- Résidence, Galerie Kamila Regent, Saignon-en-Luberon

2008
Aide au matériel, DRAC PACA

2007
- Résidence, Domaine d'Abbadia, Hendaye

2006
- Résidence, Espace culture multimédia, Martigues

2005
- Résidence, centre d'art du Cairn, Digne

2002
- Résidence, centre culturel Una Volta, Bastia

ÉDITIONS

2012
- Jean-Yves Bosseur, *Bernard Pourrière*, éditions Silvana Editoriale

2011
- Claude d'Anthenaise, *Bêtes off*, Centre des monuments nationaux, éditions du patrimoine

2008
- Didier Arnaudet, *Bernard Pourrière*, éditions NeKaTONEA, Domaine d'Abbadia, Hendaye

2007
- Enrico Pedrini, *Bernard Pourrière*, catalogue galerie Depardieu

2006
- Fabien Faure et Pierre Paliard, *Bernard Pourrière*, éditions Fage, Centre d'art du Cairn

2005
- Claude Gudin, Animals, Lieu d'Art Contemporain 200RD 10 Vauvenargues

VIDÉOS

2010
- *Tonneau*, couleur, performance sonore, 4' 33"
- *Équerre*, couleur, performance sonore, 30''
- *Sur le ventre*, couleur, performance sonore, 30''

2009
- *Poids 1*, couleur, performance sonore, 5' 30"
- *Pied-Pied*, couleur, performance sonore, 1' 30"
- *Équilibre 1*, couleur, performance sonore, 1' 15"
- *Balancement*, couleur, performance sonore, 1' 10"
- *Charleston*, couleur, performance sonore, 1'
- *Gestes essais*, couleur, 1' 30"

2008
- *Gestes*, couleur, temps non déterminé
- *Sans titre*, couleur, performance sonore, 30"
- *Tourner*, couleur, performance sonore, 45"
- *Tapis noir*, couleur, 2' 10"

2007
- *Sans titre*, couleur, temps non déterminé
- *Sans titre*, couleur, performance sonore, 4'
- *Sans titre*, couleur, 3' 48"
- *Space*, couleur, performance sonore, 17' 45"

2006
- *Sans titre*, couleur, 4' 24"
- *Animals*, couleur, 2' 20"
- *Communication*, couleur, 1'

2005
- *Langages 1*, couleur, 12'
- *Vache*, couleur, 2'

2004
- *Sans titre*, couleur, 1' 30"
- *Hybride*, couleur, 2' 57"
- *Hybride 2*, couleur, 2' 30"

2003
- *Sans titre*, couleur, diptyque 1 et 2, 2' + 2'
- *Sans titre*, couleur, 2' 30"

SOLO EXHIBITIONS

2011
- Kamila Regent Gallery, Saignon en Lubéron

2010
- Porte Avion Gallery, Marseille
- Depardieu Gallery, Nice

2009
- Depardieu Gallery, Nice

2008
- Bonnat Museum, Bayonne
- Arteko Gallery, San Sebastián, Spain

2007
- Depardieu Gallery, Nice

2006
- Cairn Art Centre, Digne
- ECM Ville de Martigues

2003
- Month of Photography, Bratislava, Slovakia
- Art-Position, Marseille

2002
- Una Volta Cultural Centre Gallery Bastia
- Art School, Tempe, Arizona, USA

2001
- Urban Interventions, Prague, Czech Republic

2000
- Contemporary Art Space, La Valette-sur-Var
- CEMAGREF Scientific Research Centre, Aix-en-Provence

GROUP EXHIBITIONS

2012
- Villa des Tourelles Gallery, Nanterre, curator Madeleine Van Doren
- Briqueterie Museum, Saint Brieuc
- Kamila Regent Gallery, Saignon en Lubéron
- Tarascon Château, Tarascon

2011
- Talcy Château, curator Claude d'Anthenaise
- Cahors Contemporary Art Biennial
- Châteauneuf-le-Rouge Museum
- "Hors les murs" (Outside the Walls) Depardieu Gallery, Nice
- Porte Avion Gallery, Marseille

2010
- Avignon Château, Saintes-Maries-de-la-Mer, curator Agnès Barruol
- Chic Art Fair, Paris

2009
- Open 2009, Le Lido, Venice, curator Enrico Pedrini
- Castries Château, Albaran, Castries

2005
- Vidéoformes, Clermont-Ferrand
- 200RD 10 Contemporary Art Place, Vauvenargues

2004
- Liège 4th Multimedia Art Biennial, Les Chiroux Art Centre, Belgium
- Servières Château, Marseille
- Revest-les-Eaux House of the Comoni, curator Raoul Hebreard
- Installation North Motorway, Marseille, curator Régine Dottori
- Servières Château, Marseille
- Tableau Gallery, Marseille
- 12 urban interventions, Aix-en-Provence, curator Alain Brunet.
- Manu Timoneda Gallery, Aix-en-Provence

VARIOUS INTERVENTIONS AND EVENTS

2010
- Soundtrack for the film *Montagne Russe* (Big Dipper) by Catherine Melin
- Choreography *5 barres* (5 Bars) 7' 30" with Colette Colomb and Astrid Giorgetta
- Choreography *2 tabourets* (2 Stools) 9' 45" with Colette Colomb and Astrid Giorgetta
- Choreography *wii et voix* (Wii and Voice) 6' 20" with Colette Colomb and Astrid Giorgetta

2009
- Performance with the Marie-Helene-Desmaris Company, Pavillon Vendôme, Aix-en-Provence

2007
- Sound performance, Domaine d'Abbadia, Hendaye

2006
- Choreography with Marie-Helene-Desmaris and soundtrack
- Video Soirée *Dressing Room* at BBB Toulouse, video S. Menuet, soundtrack B. Pourrière
- CD audio *Simulation*

2002
- Soundtrack for the videos of Sophie Menuet, *Pièces d'attention* (Attention Pieces)
- Soundtrack for Iveta Duskova's video *Journal* (Newspaper)
- Meeting on a sound device, Prague
- Meeting *Pépiniériste-Scientifique*, Fuveau
- CD audio *Games in the Forest*
- CD audio *Zoo-9* sounds for mobile phones

2001
- CD audio *Variations sur chants d'oiseaux* (Variations on Birdsongs)
- CD audio *Produits du net* (Internet Products)

2000
- Meeting with scientists, CEMAGREF Scientific Research Centre, Aix-en-Provence
- CD rom *Plantes évolutives* (Evolving Plants), catalogue of plants in transformation

SCHOLARSHIPS, GRANTS AND RESIDENCES

2012
- Residence, Briqueterie Museum, Saint Brieuc

2011
- Creative scholarship DRAC PACA
- Publication grant, Bouches-du-Rhône General Council
- Residence, Kamila Regent Gallery, Saignon-en-Luberon

2008
- Grant for material, DRAC PACA

2007
- Residence, Domaine d'Abbadia, Hendaye

2006
- Residence, Multimedia Cultural Space, Martigues

2005
- Residence, Cairn Art Centre, Digne

2002
- Residence, Una Volta Cultural Centre, Bastia

PUBLICATIONS

2012
- Jean-Yves Bosseur, *Bernard Pourrière*, Silvana Editoriale

2011
- Claude d'Anthenaise, *Bêtes Off* (Beasts Off), National Monuments Centre, Heritage Publishing House

2008
- Didier Arnaudet, *Bernard Pourrière*, NeKaTONEA, Domaine d'Abbadia, Hendaye

2007
- Enrico Pedrini, *Bernard Pourrière*, Depardieu Gallery Catalogue

2006
- Fabien Faure and Pierre Paliard, *Bernard Pourrière*, Fage, Cairn Art Centre.

2005
- Claude Gudin, Animals, 200RD 10 Contemporary Art Place Vauvenargues

VIDEOS

2010
- *Tonneau* (Barrel), colour, sound performance, 4' 33"
- *Equerre* (Set Square), colour, sound performance, 30"
- *Sur le ventre* (On the Belly), colour, sound performance, 30"

2009
- *Poids 1* (Weight 1), colour, sound performance 5' 30"
- *Pied-Pied* (Foot-Foot), colour, sound performance 1' 30"
- *Équilibre 1* (Balance 1), colour, sound performance 1' 15"
- *Balancement* (Swaying), colour, sound performance 1' 10"
- *Charleston*, colour, sound performance, 1'
- *Gestes essais* (Test Gestures), colour, 1' 30"

2008
- *Gestes* (Gestures), colour, no fixed length
- *Sans titre* (Untitled), colour, sound performance 30"
- *Tourner* (Return), colour, sound performance 45"
- *Tapis noir* (Black Carpet), colour, 2' 10"

2007
- *Sans titre* (Untitled), colour, no fixed length
- *Sans titre* (Untitled), colour, 4'
- *Sans titre* (Untitled), colour, 3' 48"
- *Space*, colour, sound performance 17' 45"

2006
- *Sans titre* (Untitled), colour, 4' 24"
- *Animals*, colour, 2' 20"
- *Communication*, colour 1'

2005
- *Langages 1* (Languages 1), colour, 12'
- *Vache* (Cow), colour, 2'

2004
- *Sans titre* (Untitled), colour, 1' 30"
- *Hybride* (Hybrid), colour, 2' 57"
- *Hybride 2* (Hybrid 2), colour, 2' 30"

2003
- *Sans titre* (Untitled), colour, diptyque 1 and 2, 2' + 2'
- *Sans titre* (Untitled), colour, 2' 30"

Remerciements à / Thanks to
Jean-Yves Bosseur
Christian Depardieu
Muriel Dargonnier
Madeleine Van Doren
Fabien Faure
Rebecca François
Pierre Jaccaud
Jean-Jacques Le Berre
Catherine Melin
François Parra
Enrico Pedrini
Bernard Point
Patrice Poulain
Natacha Pugnet
Kamila Regent
Christine Steverlynck

Silvana Editoriale Spa

via Margherita De Vizzi, 86
20092 Cinisello Balsamo, Milano
tel. +39 02 61 83 63 37
fax +39 02 61 72 464
www.silvanaeditoriale.it

Les reproductions, l'impression
et la reliure ont été réalisées
par l'établissement
Arti Grafiche Amilcare Pizzi Spa
Cinisello Balsamo, Milan
Reproductions, printing and binding
by Arti Grafiche Amilcare Pizzi Spa
Cinisello Balsamo, Milan

Achevé d'imprimer
en mai 2012
Printed May 2012